Moviéndonos con el Cielo

Manual del Adorador Profético
James Vincent

Dedicado a Chuck y Pam Pierce, que me han dado un lugar para crecer.

MOVIÉNDONOS CON EL CIELO:
Manual del Adorador Profético

©2013, James Vincent
Todos los derechos reservados

Traducido al español por: Alma Arellano
I. Editado por: Rodriguez & Jones Translation Services

Referencias bíblicas tomadas de la versión bíblica Reina Valera

Derechos de Autor ©1982 por Thomas Nelson, Inc.

ISBN 13: 9780998641348

MOVIÉNDONOS CON EL CIELO:
Manual del Adorador Profético

Introducción

I. Adoración, Lideres de Adoración y Profecía
II. Definiendo la Adoración Profética
III. Dirigiendo la Adoración Profética
IV. Ejercicios
V. Cambiando la Atmósfera por medio de la Adoración

Epílogo

MOVIÉNDONOS CON EL CIELO
Manual del Adorador Profético

Prólogo

Aunque este manual va dirigido principalmente a aquellos que dirigen en canción, puede aplicarse de igual manera a los músicos y bailadores. El objetivo es, enfatizar la importancia de estar de acuerdo con los cielos al expresar nuestra adoración y explicar, de la mejor manera posible, lo que significa.

Yo soy el tipo de persona a quien realmente le gusta mantener las cosas cortas y claras, si es posible. Personalmente, yo retengo más cuando las cosas son claras, directas y al punto, sin dar muchas vueltas. Yo oro que ustedes puedan comprender y aplicar fácilmente todo lo que he intentado explicar en este manual, sin hablar mucho.

Estamos hablando de la adoración profética que, por naturaleza, es sobrenatural. Sin embargo, entiendo que muchos de nosotros no estamos muy familiarizados con este tema y el lenguaje asociado con la misma. Por este motivo, he intentado mantener este manual sencillo y práctico para que todos podamos entenderlo y practicarlo.

Supongo que todos hemos estado en servicios de adoración que podrían describirse como "increíbles"; y, de la misma forma, estoy seguro de que hemos experimentado otros que no son tan increíbles. He sido parte de algunos servicios donde uno se siente como que está "trabajando" demasiado para alcanzar este lugar en adoración donde podemos sentir que estamos tocando a Dios. Algo que escucho muy a menudo cuando dirijo la adoración es, "¡Guau, es como si nos llevaras directo a la presencia de Dios!"

¿Será porque he sido dotado con talentos? Posiblemente, Dios me ha bendecido de tal manera que algo en mí ayuda que otros se conecten a Él de forma diferente. Sin embargo, creo que el Señor ya está presente. Jesús, quien tiene la llave de David **(Isaías 22:22, Apocalipsis 3:7)**, ha quitado todo el alboroto de entrar a la presencia de Dios. (**Hebreos 4** es un gran capítulo para aquellos quienes dirigimos la alabanza leamos... así que, tomemos tiempo para leerlo.) Juan capítulo 4, nos dice que Dios es espíritu, y se nos requiere que le adoremos en espíritu y en verdad. Creo firmemente que, cuando adoramos con todo nuestro corazón, estamos moviéndonos por el Espíritu de Dios y, por medio de esto, estamos conectados a lo que se está hablando y siendo activado en los cielos.

Mientras más entendemos el corazón de Dios hacia nosotros en medio de la adoración, mejor comenzaremos a movernos con el cielo al adorar. A veces, hay cosas que el Señor quiere decir o hacer mientras cantamos; y, cuánto mejor nos conectemos con Él, facilitará Su deseo en la tierra a través de nosotros con mayor facilidad. Como acostumbro a decir, como líder de alabanza, es mejor moverse con el cielo siempre.

Adoradores Primero

Antes que todo somos adoradores. Debemos ser capaces de entrar en cualquier atmósfera donde hay adoración, y deshacer cualquier sonido o estilo al que estamos acostumbrados y adorar al Creador de todas las cosas. Nos negamos a nosotros mismos – nosotros no somos el centro... Él es. ¿Acaso Él no es digno?

Recuerdo una vez que mi familia y yo tuvimos la oportunidad de tomar unas vacaciones, y decidimos visitar nuestra ciudad natal. Ese domingo decidimos ir a una iglesia en particular; de hecho, fue la iglesia donde comencé dirigiendo la adoración hace muchos años.

Mientras la adoración progresaba, menos me impresionaba y comencé a agitarme porque me había acostumbrado a un cierto sonido dinámico, y determinado… fluir profético. Pronto comprendí que estos pensamientos habían entrado en mi mente y sentí convicción en mi corazón. ¡En ese momento me di cuenta de que, la percepción que yo tenía con relación a cómo la adoración debía sonar, se había vuelto más importante que adorar! En ese momento entendí que, no importa dónde esté, de cuál servicio sea parte, Dios es digno de ser adorado. Me arrepentí allí mismo y de inmediato levanté mis manos, y entré en una de las experiencias más enriquecedoras de adoración que haya tenido en mucho tiempo.

Comparto esto porque, antes de comenzar a hablar acerca de la adoración profética, tenemos que tratar seriamente nuestras actitudes hacia la adoración; especialmente como líderes. Vamos a experimentar todo tipo de ambientes, algunos propicios a nuestros gustos y preferencias, otros no. En cualquier lugar donde nuestros pies nos dirijan, siempre debemos poner a Jesús por encima de todas las cosas. No importa el don en el que se mueva (profecía, milagros, ayuda, etc.), será secundario a su adoración. De hecho, nuestro don es una expresión de Dios que produce pureza y plenitud a través de nuestro estilo de vida de adoración.

¿Amén? Amén.

Ahora que hemos aclarado esto, movámonos correctamente.

I. Adoración, Líderes de Alabanza, y Profecía

Entendiendo que los que leen este manual probablemente están familiarizados con lo que es la adoración, no voy a profundizar en la definición de la adoración. (Nota: por el bien de este libro, cuando menciono "adoración", a menudo me refiero a la adoración en el canto o la danza.) Aunque, voy a sugerir algo aquí...

Muchas veces en la palabra hemos visto "Amarás al Señor nuestro Dios con todo tu corazón y con toda tu alma y con toda tu mente." **(Deut. 6, 5, Mateo 22:37)** Con esto en mente, también hemos visto que "la obediencia es mejor que sacrificios" **(1ª Samuel 15: 22¬23)** y que realmente pueda ser repulsivo para Dios con nuestros rituales paganos **(Isaías 1:10-14).** La adoración es un asunto del corazón, y no debemos envolvernos tanto en el acto y la emoción de cantar, tocar, bailar de manera que no nos demos cuenta de que realmente lo que el Señor busca es saber si estamos con Él o no. <u>En esto radica nuestra base para dirigir la adoración profética</u>.

Al liderar la adoración, ¿estamos dispuestos a ser obedientes a Su voz, o solo queremos cantar nuestra canción?

"¿Líder de Alabanza?"

Sí, nosotros cantamos y la gente nos sigue, pero nuestro título de "líder de alabanza" o "líder de adoración" es un poco engañoso. Tu propósito, mi propósito es que, cuando nos reunimos, es solo para adorar a Dios y ministrar a ÉL. Aunque, lo que estemos haciendo colectivamente es adorar, y como líderes nos movamos desde una plataforma de adoración, lo que dirigimos es una canción.

Muchas veces, cuando estoy dirigiendo, veo mucha gente esperando que haga algo más de lo que ya estoy haciendo. Existe una presión innecesaria sobre los líderes de adoración para que hagan algo más que moverse en la adoración hacia el único Dios verdadero. Nuestro propósito no es "arrancar algo" de la congregación, aunque el Señor puede causar que declaremos algo como profeta que sirve ese propósito. Nuestro propósito no es necesariamente "llevar" a nadie a ningún lugar; aunque puede haber una unción específica que haga que esto suceda. (En palabras simples, yo sigo la instrucción, entonces la congregación me sigue.) El propósito durante el tiempo de cantar... es dirigir en canción. Cuando los líderes, cantantes y músicos se unen, su trabajo es ayudar y fomentar una atmósfera donde PODAMOS unirnos y adorar, pero no es el trabajo de nadie causar que ese alguien adore. Aunque Judas Iscariote siguió a Jesús durante tres años, su corazón no estaba realmente con Él. ¿Entienden lo que estoy diciendo? Nadie puede hacer que usted adore, excepto usted mismo; puesto que adorar es un asunto del corazón.

(Sin embargo, los líderes, deben tener en cuenta que las personas le siguen a donde vayan. No estoy diciendo que no debemos interactuar con la congregación mientras adora con nosotros, solo defino nuestro verdadero enfoque como líderes).

La Biblia habla de un líder de adoración como alguien con talento musical, con habilidad para dirigir a los cantantes y músicos:

1ª Crónicas 15:22 *Y Quenanías, principal de los levitas en la música, fue puesto para dirigir el canto, porque era entendido en ello.*

Los líderes fueron designados para hacer lo que se supone que deben hacer, dirigir a los cantores y músicos, y todos los demás se unen para servir UN SOLO propósito.

1ª Crónicas 15:27-28 *Y David iba vestido de lino fino, y también todos los levitas que llevaban el arca, y asimismo los cantores; y Quenanías era maestro de canto entre los cantores. Llevaba también David sobre sí un efod de lino. De esta manera llevaba todo Israel el arca del pacto de Jehová, con júbilo y sonido de bocinas y trompetas y címbalos, y al son de salterios y arpas.*

Nuestro trabajo es facilitar el "arca" de la presencia de Dios, por así decirlo... no el pueblo. El pueblo sólo sigue a los levitas, mientras ellos se apropian de las instrucciones del Señor y se mueven con Su palabra y Su presencia. En esencia, están siguiendo el arca.

Así que, el líder está en su lugar. Los cantores y músicos están posicionados y haciendo lo que han sido capacitados para hacer. Se provee dirección. Las canciones, la música, las letras de las canciones están ahí... entonces, ¿qué estamos esperando?

Esta mentalidad de "rómpeme", "hazme cantar" entró en nuestros servicios de adoración como un subproducto de nuestras experiencias seculares, ya que pertenecen a nuestros sentidos. Jesús dijo que el Padre busca adoradores que le adoren en espíritu y en verdad (**Juan 4:23-24**). Traemos nuestros sentidos bajo el sometimiento de lo que sabemos que es correcto en ese momento, que es sencillamente glorificar a Dios con nuestros hermanos y hermanas y cumplir con cualquier propósito específico para el que estemos reunidos. Y, si sientes algo, ¡QUÉ BUENO! Si la unción "irrumpe como un golpe, ¡IMPRESIONANTE! Si Dios habla, ¡eso es lo que queremos! Pero no miramos a quienes dirigen las canciones para que hagan algo por nosotros. Ellos están allí específicamente para el Señor, y el equipo de cantores y músicos, quienes, a su vez sirven como facilitadores para el resto de nosotros.

AHORA...

¿Es el líder cantor un profeta o una voz profética? En ese momento, asume un rol diferente cuando libera el decreto del cielo. Ahora el líder está escuchando la voz de Dios, mirando o discerniendo la atmósfera y cantando a la atmósfera, hacia el pueblo. La biblia dice que la profecía es para nosotros (**1ª Cor. 14**). Así que, cuando el líder sale como una voz profética, es para la tierra, el ambiente y el pueblo. Como líder de adoración, continúa transmitiendo a los músicos lo que Dios le está diciendo, permitiendo que el Señor lo use para llevar a Su pueblo a un acuerdo con Su deseo para ese momento

Hablemos de la adoración profética.

¿Qué es Profecía?

El diccionario *MerriamWebster* define profecía de la siguiente manera:

1: una declaración inspirada de un profeta

2: función o vocación de un profeta; específicamente, una declaración inspirada de la voluntad y propósito divino

3: una predicción de algo que ha de venir.

También te puedo decir que, profecía es, utilizar tu declaración vocal para provocar que algo que no ha pasado aún, suceda. Recuerda lo que anteriormente mencioné acerca de hablarle a la atmósfera. Podemos discernir el corazón de Dios, pero también podemos discernir la atmósfera y lo que falta en ella que debe estar en presente. Se trata de utilizar nuestro sonido para crear. **Todos** hemos sido creados para profetizar; hemos sido hechos para crear.

Por lo tanto, profetiza

El Señor le pregunta a Ezequiel si los huesos pudieran vivir.

Ezequiel 37:1-10

La mano de Jehová vino sobre mí, y me llevó en el Espíritu de Jehová, y me puso en medio de un valle que estaba lleno de huesos. Y me hizo pasar cerca de ellos por todo en derredor; y he aquí que eran muchísimos sobre la faz del campo, y por cierto secos en gran manera. Y me dijo: Hijo de hombre, ¿vivirán estos huesos? Y dije: Señor Jehová, tú lo sabes. Me dijo entonces: Profetiza sobre estos huesos, y diles: Huesos secos, oíd palabra de Jehová. Así ha dicho Jehová el Señor a estos huesos: He aquí, yo hago entrar espíritu en vosotros, y viviréis. Y pondré tendones sobre vosotros, y haré subir sobre vosotros carne, y os cubriré de piel, y pondré en vosotros espíritu, y viviréis; y sabréis que yo soy Jehová. Profeticé, pues, como me fue mandado; y hubo un ruido mientras yo profetizaba, y he aquí un temblor; y los huesos se juntaron cada hueso con su hueso. Y miré, y he aquí tendones sobre ellos, y la carne subió, y la piel cubrió por encima de ellos; pero no había en ellos espíritu.

Vemos que el Señor le dio a Ezequiel un mandato de profetizar; y eso hizo, profetizar. Pero había algo más que necesitaba suceder en la atmósfera para que el ejército cobrase vida según la voluntad de Dios. Leamos a continuación:

Y me dijo: Profetiza al espíritu, profetiza, hijo de hombre, y di al espíritu: Así ha dicho Jehová el Señor: Espíritu, ven de los cuatro vientos, y sopla sobre estos muertos, y vivirán. Y profeticé como me había mandado, y entró espíritu en ellos, y vivieron, y estuvieron sobre sus pies; un ejército grande en extremo.

Ezequiel profetizó al viento, ENTONCES recibieron su hálito. Ahora, aquí está la parte sustancial este pasaje que realmente me hizo llorar:

Ezequiel 37:11- 13:
"Me dijo luego: Hijo de hombre, todos estos huesos son la casa de Israel. He aquí, ellos dicen: Nuestros huesos se secaron, y pereció nuestra esperanza, y somos del todo destruidos. ***POR TANTO, PROFETIZA****, y diles: Así ha dicho Jehová el Señor: He aquí yo abro vuestros sepulcros, pueblo mío, y os haré subir de vuestras sepulturas, y os traeré a la tierra de Israel. Y sabréis que yo soy Jehová, cuando abra vuestros sepulcros, y os saque de vuestras sepulturas, pueblo mío."*

Él hizo que Ezequiel viera lo que había en la atmósfera, en los corazones de la gente, entonces; Él hizo que profetizara Su corazón (de Dios). **POR LO TANTO, PROFETIZA...**

Puedes decir: "Bueno, ¿cómo puedo saber lo que debo profetizar? ¿Cómo puedo conocer el corazón de Dios en una atmósfera determinada?" Me alegra que lo pregunte. Veamos lo que dice en Isaías 61...

(Isaías 61:1-3)
"El Espíritu de Jehová el Señor está sobre mí, porque me ungió Jehová; me ha enviado a predicar buenas nuevas a los abatidos, a vendar a los quebrantados de corazón, a publicar libertad a los cautivos, y a los presos apertura de la cárcel; a proclamar el año de la buena voluntad de Jehová, y el día de venganza del

Dios nuestro; a consolar a todos los enlutados; a ordenar que a los afligidos de Sion se les dé gloria en lugar de ceniza, óleo de gozo en lugar de luto, manto de alegría en lugar del espíritu angustiado; y serán llamados árboles de justicia, plantío de Jehová, para gloria suya."

Está claro cuál es el corazón de Dios en cada situación mencionada. Así de sencillo. Donde hay esclavitud, debe haber libertad. Dónde hay muerte, debe haber vida. Donde hay sordera, debe haber audición, etc. La palabra también dice que debemos profetizar conforme a nuestra fe (**Romanos 12:6**). Cuando la tempestad azotaba, (**Mateo 8, Marcos 4, Lucas 8**), Jesús habló a las aguas y por la *fe* causó que se calmaran. Luego se volvió a sus discípulos y esencialmente, les dijo, *"¿Por qué no profetizaron?"* Pídele al Señor que abra tus ojos y despierte tu fe para profetizar mientras cantas. Aprende Sus caminos... tu fe en la profecía AUMENTARÁ – te lo garantizo.

Ojos se abrirán

El profetizar no sólo implica hablar; sino también ver. El Señor le preguntó a Jeremías, "¿qué ves?" (**Jeremías 1: 11-12**) Una vez que Jeremías dijo lo que vio, pudo recibir la fe para saber que Dios haría tal como dijo, lo que a su vez da lugar a la fe para profetizar. Cuanto más confié en aquello que veía – tanto en lo espiritual como en lo natural- mayor fue mi fe para profetizar. Ahora, ¿cómo sé que lo que estoy profetizando es correcto? Bueno, primeramente, la palabra define el corazón de Dios hacia nosotros; acabo de leer todo el Antiguo y Nuevo Testamento. Él está contantemente declarando Su deseo en diferentes circunstancias. En otras palabras, canta y profetiza conforme a la palabra. Como puedes ver, cuando profetizas en un ambiente, no siempre necesitas el sentimiento del "¡ufff!"

"¡tremendo!" "vavavum" para saber qué profetizar, aunque eso puede suceder muchas veces. Recuerda lo que te mostré en **Isaías 61**.

La otra forma de saber que aquello que profetizamos es correcto, de acuerdo con la palabra (**Deut. 18, Jer. 28**), es que aquello que profetizamos viene a su cumplimiento. ¿Has cantado una palabra de conocimiento por la inspiración del Espíritu? Entonces, será confirmada. ¿Has cantado decretando hacia el futuro? El tiempo nos dirá si es cierto. Pero, nuevamente digo, ¡**CONFORME A NUESTRA FE!**

"**¡Uff! ¡Guau! ¡Vavavum!**"

Una dimensión muy importante de la canción profética es el aspecto espiritual. No olvidemos que la profecía es espiritual. Aquí, estoy hablando de inspiración, un conocimiento repentino, ese sentimiento que puede tocar tus sentidos -- que sabes que puede ser para ti-- que te hace saber que estás viendo/escuchando/sintiendo algo en el espíritu. Lo has visto... algunas personas se sacuden, se mueven, gritan repentinamente, su oído derecho se calienta, comienzan tics oculares... solo para darles una idea. Aunque parte de este comportamiento también puede ser clasificado como aprendido, o como un hábito, una emoción, o incluso una actuación, para muchos, pero aun así creo que es por nuestra fe. Una vez más, "profetizamos de acuerdo con nuestra...".

Cuando estas pequeñas cosas suceden (como a mí en ocasiones, mi cabeza da tirones hacia un lado, como si el Señor me estuviera golpeando y diciendo: "¡Presta atención a lo que te estoy revelando!". Personalmente creo que es por nuestra fe. Es nuestra certeza de que el

Señor está realmente presente en lo que estamos percibiendo. ¿Has notado alguna manifestación personal recurrente, que te hace saber que Dios te está hablando? Sea lo que sea, debes entender que hay un nivel más profundo para conectar con Dios que el sentido natural.

Por último, toda la profecía debe apuntar hacia el Señor. El testimonio de Jesús es el espíritu de profecía. (**Apocalipsis 19:10**) Incluso, el pasaje que leímos anteriormente en **Isaías 61,** termina estableciendo de que todo es para la gloria de Dios. Teniendo esto en perspectiva, el orgullo, la ambición, la adoración falsa, la inseguridad, etc., se mantienen bajo control. Básicamente, todo se reduce a la adoración.

II. Definiendo la Adoración Profética

Ahora, ¿por qué describí algunos detalles relacionados con la profecía? Porque en mi opinión, muchas veces se confunde con lo que la "adoración profética" es en realidad. La adoración profética está enlazada con lo que el Señor está transmitiendo en un espacio o tiempo determinado. Ésta crea, se mueve, habla desde un lugar diferente de lo normal. Sin embargo, recuerda que la adoración es adoración, profeticemos o no; tanto una como la otra pueden ser igual de poderosas. Benny Hinn mantiene un ambiente de adoración hacia Dios con el fin de administrar el mover impresionante de sanidad de Dios. El Dr. Chuck Pierce, mantiene una atmósfera de adoración con el fin de permanecer en un lugar donde la poderosa voz de Dios se escuche. Ambos administran una colaboración con el cielo.

Lo Espontáneo Contra lo Profético

Hay canciones espontáneas. En otras palabras, nacen canciones que, hasta ese entonces, no han sido escritas; y no son necesariamente canciones proféticas. En esencia, las canciones espontáneas pueden ser, "improvisaciones creadas a medida que caminamos", y/o pueden ser inspiradas por el espíritu de Dios. Hay canciones que nacen de un clamor del corazón. Hay canciones que nacen del cielo a través de nosotros; los dos pueden SER O NO SER lo mismo. Por ejemplo, si estoy cantando, *¡Él cabalga sobre los cielos por Su santo nombre!"* o, *"El Señor está desatando el poder del arrepentimiento",* entonces esa canción puede que haya nacido de mi verdadero deseo de verle, y despertó proféticamente en mí el mover de los cielos. Pero si estoy cantando espontáneamente: *"Necesito que me* *llenes, necesitamos Tu presencia",* es probable que yo esté derramando mi corazón o liberando un clamor. Algunos de los salmos de David eran su propio clamor del corazón. Otras eran profecías inspiradas por Dios.

Luego, por supuesto están las canciones escritas.

Vamos a aclarar algo, para aquellos de nosotros que hemos estado moviéndonos proféticamente en la adoración, durante un tiempo: sólo porque una canción ya se haya escrito, no significa que NO ES PROFÉTICA. Lo que realmente importa es lo que Dios está diciendo y/o haciendo EN ESE MOMENTO. Si escuchamos a Dios diciéndonos que cantemos un himno antiguo, como *"Cuan Grande es Él",* entonces estamos cantando proféticamente porque es lo que Él ha dicho en ese momento.

Así que, básicamente dije todo esto para definir lo que es canto profético: **tus sentidos espirituales (y naturales) alineados con Dios con el fin de transmitir el corazón y la voz de Dios en canción.**

Dirigiendo

Un profeta entiende que cuando está profetizando, está hablando la voz de Dios. Como se mencionó anteriormente, estamos expresando, creando, declarando el deseo de Dios en la atmósfera, en el oído de las personas. Ahora, ¿debemos todos profetizar? Esto es un gran problema, porque algunos líderes no se sienten cómodos en un ambiente profético, o incluso "se callan" si sienten que se espera que profeticen más allá de la canción que están liderando.

Como líder de cánticos, siempre debemos ser conscientes de que Dios podría querer transmitir algo a través de nosotros, seamos profetas o no. David tenía el título de rey, y profetizó. Él no se limitó por su título, pero se mantuvo abierto a cualquier función que el Señor lo pusiera a operar en un momento dado. Ahora, no estoy diciendo que para ser un buen líder de alabanza deba profetizar, esta es otra forma de pensar que la "iglesia profética" pone sobre nosotros. Lo que estoy diciendo, es que debemos tener en cuenta que podemos necesitar profetizar, y debemos ser cautelosos de no estar intentando controlar el servicio de adoración, basado exclusivamente en lo que sabemos y lo que ha sido planificado. Dios siempre está hablando... mantengámonos cercano a Su corazón.

Ahora, vamos a repasar algunas situaciones prácticas en la dirección profética. Ya sea que profeticemos o no (según la definición dada en el diccionario Webster), debemos entender que hay una forma de dirigir un servicio de alabanza. Hay muchas partes diferentes del tabernáculo de Moisés (no vamos a estudiar eso aquí), pero podremos ver en esa estructura, que vamos moviéndonos de un nivel a otro, hay una progresión hasta el Lugar Santísimo. Una vez que lleguemos al lugar santo, no queremos regresar al atrio.

Cuando la dirección tomó el rumbo equivocado

Una noche, estando en una reunión, había una joven que realmente "nos estaba llevando" en adoración. Estábamos en ese momento increíble de adoración frente al trono... de repente, cantó una canción "Oh Señor, estamos esperando que entres... ya estamos aquí" o algo por el estilo. Yo pensé: "¡HEY! ¡NO! Ya entramos". No podemos elegir canciones, simplemente porque son buenas canciones. La canción que ella cantó, era realmente una gran canción, pero estaba fuera de lugar. Dos palabras claves que tengo presente cuando estoy planificando mi lista de canciones son: **"progresión" y "conexión"**. ¿A dónde vamos y cómo podemos llegar allí? (Para el pueblo profético está bien tener un plan y luego permitir que más adelante explote por la profecía/espontaneidad). ¿De qué manera las canciones se conectan entre sí? Trato de no ser particularmente rígido sobre esto, pero tampoco quiero ir por todos lados, sin dirección, solo por cantar algunas canciones bonitas. Cuando hay una dirección clara es más fácil ver la ventana para que también fluya el sonido profético. También, es más fácil que todos los demás sigan la dirección del servicio.

Ahora, si aquella noche de la que les hablé, la líder de adoración hubiera escuchado la dirección del Señor de cantar esa canción, en el momento en que ella cantó, habría sido una situación diferente. Pero esa noche parecía ser sólo una canción. ¿Hay algo de malo en "sólo cantar canciones"? Siempre debemos recordar, que Él es digno de toda canción que entonamos. A veces sólo tenemos que adorar. Pero también debemos tener en cuenta, lo que Dios puede estar diciendo en un momento determinado.

Habiendo mencionado el tabernáculo de Moisés, es muy importante decir que esa no es la estructura en la que operamos como doctrina o religión. El tabernáculo que el Señor habla que será reconstruido es el tabernáculo de David. En los días de David, los adoradores servían continuamente delante del arca del pacto. En la estructura antigua, sólo el sumo sacerdote podía ministrar delante del arca y era una vez al año. Yo creo que, cuando Jesús murió en la cruz, rasgó el velo que nos separaba del lugar santísimo. Jesús abrió el camino para que toda la humanidad entrara en lo que Dios había preparado a través de David. Dicho esto, debemos entender que tenemos la libertad, como adoradores de Dios en Cristo, de entrar con alabanzas, cantos de adoración, canciones de celebración, oración... en otras palabras, no existe un método religioso para entrar en la presencia de Dios. Sólo me gustaría recordáramos, si hay una dirección que estamos tomando, intentemos alinearnos con esa dirección. Y las interrupciones que vienen del Señor deben ser SIEMPRE bienvenidas. Todo es acerca de Él.

III. Dirigiendo Alabanza Profética

Canciones de Declaración

Ahora que hemos establecido lo que se debe hacer dentro de los límites, vamos a hablar de administrar fuera de los límites. Anteriormente hablamos acerca de la canción espontánea profética que nace en el momento. Algunos que están leyendo este manual, saben que esta canción puede ser formarse completamente, desde la melodía, la música y la letra, al mismo tiempo que está siendo liberada; o, puede ser una que surge como parte de una canción ESCRITA. Muchas veces, cuando estoy dirigiendo la alabanza y desato una canción con una declaración profética, puedo volver a entrar y continuar con la canción que estemos cantando. Por ejemplo, puedo estar cantando, *"León de Judá... Puedo levantar tu nombre en alto..."*

y de repente escucho la palabra del Señor en mi espíritu y comienzo a declarar, "*Si adoras al Señor en los próximos tres días, verás los cielos abiertos*"... Y después seguir cantando, "*¡Puedo levantar Su nombre en alto!*" En ese instante puedo, en el espíritu de la canción de ese momento, profetizar lo que el Señor quería que se declarara en ese preciso momento.

La canción también se puede formar desde "cero" como mencioné anteriormente. Los cantantes y los músicos se unen, cuando la profecía se libera, con el fin de formar el sonido. O bien la música puede liderar, o las palabras y la melodía llevan a los instrumentos a un nuevo sonido. Aunque este libro es sobre el canto profético, voy a añadir, que la profecía puede ser iniciada por el instrumentista, así como cantantes, o incluso los del ministerio de danza. Todas estas partes ayudan a conectarnos con lo que el cielo está diciendo o con lo que nos está mostrando. Dicho esto, nada hace la profecía más clara a nuestros sentidos naturales, que lo que se *habla o se canta*.

Así que, como cantantes, cargamos con la responsabilidad de ser la voz de aquello que ha sido desatado desde el cielo. ¿Será SIEMPRE a través de nuestra voz? No, *pero tenemos que saber cómo expresarlo con nuestra voz*. Aquí, es donde los animo a tomar la iniciativa de estudiar la palabra. Como líder profético, yo sé cuando un cantante tiene una base firme en la palabra al cantar proféticamente, y cuando no hay mucha confianza en el conocimiento de la palabra. El conocer la palabra nos da la capacidad de expresar lo que vemos. Comparamos las cosas que vemos a las Escrituras para dar claridad a lo que vemos que, quizás no esté claro. Utilizamos la palabra en contra de aquellas cosas que se nos oponen en la atmósfera... hay muchos beneficios que podría enumerar. Hay una autoridad en la Palabra a través del espíritu de Dios, que hace nuestras declaraciones definitivas en los cielos.

Un consejo típico, es el estudio de los Salmos, Isaías y los otros profetas mayores y menores. Estoy de acuerdo con eso... es un gran comienzo, y nos pone en contacto con lo que Dios realmente diría en una situación determinada. Junto con esto, recomiendo firmemente que estudies las enseñanzas de Jesús. Hay una medida del corazón de Dios para nuestra generación, que es evidente en Sus palabras; y, son tan verdaderas que resuenan a través de las edades. Canciones nuevas que irrumpen nuestro modo de pensar (así como las palabras de Jesús irrumpían en aquellos a quienes enseñaba) comienzan a formarse, convirtiéndose en algunas de las canciones que mueven a la iglesia a una dimensión mayor de saber cómo profetizar y moverse con los propósitos del reino de Dios.

Así que, aquí voy a hacer algo que, personalmente, no me gusta hacer... Voy a darles cuatro pasos para desatar declaraciones proféticas. Aquí están:

1. Escucha/percibe
2. Forma
3. Declara
4. Dirige

Ahora puedes crear tu propio acrónimo, para recordar esta lista; pero, yo solo la uso como una guía.

1. Escucha/percibe.

Reitero, aquí tenemos que ser conscientes que el Espíritu de Dios está en nosotros y a nuestro alrededor mientras cantamos. ¿Qué es lo que vemos, oímos, o estamos percibiendo tanto en el espíritu, como en lo natural? Así que, primero nos reunimos y buscamos una perspectiva sobre lo que está viniendo sobre nosotros desde el cielo. ¿Qué están haciendo los instrumentos? ¿Están profetizando algo que está necesitando interpretación?

Hay momentos en los servicios de adoración en Glory of Zion, donde soy parte, alguien habla una palabra de profecía, y los cantantes escuchan esta palabra con el fin de determinar la forma de avanzar en el canto, en alineamiento con la palabra.

2. Forma.

Una vez más, esto puede comenzar con el cantante o con los que tocan los instrumentos, pero la canción comienza a formarse mientras Dios habla a través de nosotros. A veces, solo repito lo que otro profeta acaba de liberar, pero lo hago en forma de canción. Otras veces, me siento inspirado por el Espíritu de Dios, donde estas canciones no escritas y en otras formas de expresión fluyen desde mi interior. Cada uno de nosotros tiene una expresión diferente; dale libertad a tu propia creatividad para poder fluir. ¿Es la sensación de la canción profética una fuerte? ¿Es una sensación pesada, suave o rápida? Haz todo lo posible para que, cuando nazca, sea de tal manera que, exprese verdadera y claramente lo que Dios está diciendo. Piensa en cómo vas a decirlo, para que no quede fuera nada, lo entiendas a plenitud o no.

3. Declara.

¡Canta y no te detengas! Ahora estás profetizando, por lo tanto, debes decir lo que el Señor está diciendo. Toma autoridad como profeta en tu ambiente de adoración para liberar sanidad, fe, gozo, etc. Observa la "declaración instrumental"; así mismo, el Señor puede utilizar un sonido para maximizar el impacto y los efectos de la declaración.

Y, por último,

4. Dirige.

No olvides que, aunque profetices, también eres un líder de alabanza. Canta canciones proféticas; pero, dirige de tal manera que, no estés simplemente "cantando". A veces, cuando estoy cantando en una atmósfera específica, tomo una parte de la canción espontánea y la convierto en una frase o una serie de frases para que la congregación las repita. Para aquellos que están escuchando la palabra, es un constructor de fe; y. en esencia, causa que ellos también profeticen. Puedes dirigir de esta forma o pedirle al Señor que te muestre tu forma única de hacerlo.

Creatividad, ¡Eres único!

Hemos sido creados a la imagen y semejanza de Dios. Así que recuerda, si Él nos hizo a todos diferentes, tal vez, sólo tal vez, Él no quiere que todos presentemos de la misma manera siempre. Nos creó diferentes para que pudiéramos disfrutar de la variedad, por lo tanto, ÉL debe disfrutar de la variedad. ¿Comprendes? Tenemos emociones, por lo tanto, Dios debe tener emociones; reímos, así que Dios también se ríe... Bien, no creo que tenga que profundizar en esto. Pero, tienes en tu interior un sonido que sólo tú puedes crear. No estás diseñado para hacer, decir, o crear algo, que sea de otros necesariamente. Utiliza tu voz única, tu estilo, tu sonido, o lo que sea. Lo importante es la claridad de lo que Dios está diciendo a través de ti. Si puedes transmitir con claridad, entonces, sé libre para ser creativo. Dios ama eso, porque Él mismo es Creador, y nos hizo a su imagen.

Por lo tanto…

Hasta ahora, he hablado un poco acerca de los aspectos prácticos y espirituales de la adoración profética. Ésta es una parte esencial de asociarnos con el cielo a medida que cumplimos los propósitos de Dios en la tierra. Como líderes de adoración, tenemos la enorme responsabilidad de ser claves en dirigir una atmósfera propicia a la libertad para que el Espíritu de Dios se mueva y sea recibido. Ya sea que Él este sanando, revelando, o simplemente siendo adorado, tomemos nuestra sensibilidad a Él, en serio. Estudiamos cómo apropiarnos de la palabra de Dios cuando es necesario, y lo honramos con nuestro don al explorar y usar en plenitud de lo que nos ha dado. A Él adoramos.

IV. Ejercicios

Para ser diestro en algo, es importante ejercitar o practicar esa habilidad en particular. Tienes dones, pero, como cierto profeta que conozco le gusta recordarnos que, la disciplina es la que define el don. Además de orar y confiar en Dios para que madure nuestros dones, hay medidas prácticas que podemos tomar para crecer en nuestra confianza de movernos con el cielo en la adoración.

1. La escritura

No todos tienen la bendición de ser parte de un cuerpo corporativo (¡la iglesia!) donde se abraza la adoración profética. Este ejercicio, en realidad es el consejo que le di a alguien de quien soy mentor. Esta persona quería orar, adorar y profetizar entre un grupo de personas que no eran del todo receptivas a la voz espontánea y profética. Le mostré cómo enseñarles a profetizar sin que se dieran cuenta estaban profetizando...

Toma un pasaje de la escritura que se aplica a una situación o ambiente determinado. Por ejemplo, si disciernes un espíritu de vergüenza o de abandono, puedes tomar **Ezequiel 16** (búscalo) y cantarlo. Puedes leerlo textualmente, o puedes tomar una porción del pasaje para formar tu propia canción o frase repetitiva. Y si eres la única persona que abraza la profecía, asigna escrituras a quienes están presentes; ahora estarán en acuerdo con el cielo.

En tu tiempo personal, encuentra escrituras que estén relacionadas con diferentes situaciones, como gozo, desesperación, sanidad, sacrificio, etc. Sigue aquello que provoca que las escrituras cobren vida en ti. En cuanto a mí, personalmente, encuentro que, meditar durante unos días en una escritura realmente ayuda, y cobra vida dentro de mí cuando lo uso musicalmente. Toma tu instrumento y cántalo una y otra vez. Disfrútalo. No tiene por qué ser laborioso, a menos que por supuesto, quieres que lo sea. Eso está bien también (sonríe).

Me gusta la tecnología. En muchos sentidos, incluso el aprendizaje se hace más eficiente. Así que, busca tu aplicación de la biblia, busca palabras, como "regocijo". Aparecerán todas las escrituras, y ¡voilá! Es una forma fácil de estudiar. ("E-Sword" es una gran aplicación de la biblia, en mi opinión, mejor que muchas otras.)

2. Adoración/grupos de oración

Por un par de años fui bendecido de formar parte de un pequeño grupo de iglesias de hogar. Me ayudó a "practicar" y perfeccionar mis habilidades como adorador profético. Aunque yo era el director de cantos, todos practicábamos conectándonos al escuchar la voz de Dios, para orar o profetizar lo que percibíamos en el espíritu. El formato era más o menos así:

Alguien tocaba un instrumento, la adoración eran canciones que todos sabían. Entonces, había un momento de transición, donde había un tipo de canción espontánea que conducía a la profecía. No todo era necesariamente de las escrituras; en su mayoría estaba siendo inspirado por el cielo. En este grupo, todo el mundo tenía que cantar su palabra profética, fueran cantantes o no. A mí, me pareció muy bueno aquello; y durante gran parte del tiempo, el músico seguía tocando lo que él sentía. A veces la música hablaba, a veces las voces se escuchaban, y a veces las voces profetizaban e interpretaban la música.

AHORA... tal vez, no estábamos interpretando correctamente lo que discerníamos, pero lo bueno de un ambiente como éste era que, se trataba de un lugar "seguro" para cometer errores y aprender. Siempre y cuando Dios sea el centro, Él es fiel para liberar y corregir lo que necesita ser corregido.

La razón por la que esto me gusta, es porque nos prepara para hacer esto en compañía de personas que, en un entorno más grande, no hay un "choque de transición". Este método puede resultar poco práctico para algunos; pero, si puedes, encuentra aquellos que estén dispuestos a unirse y hacer esto contigo.

3. Canta tus oraciones

Esto es realmente lo que más me gusta de mi tiempo personal de oración. Encuentro que la música supera tantos límites físicos y espirituales. Cuando canto mis oraciones, me encuentro yendo más allá de un ámbito de oración que está sólo en mi cabeza y puedo entrar en un acuerdo sobrenatural con el reino de los cielos. Empiezo a orar el deseo de Dios, y de repente, veo imágenes, frente a mí o en mi mente causando que sepa cómo y por qué orar. En ese momento, todo lo que veo lo puedo interpretar a través de los ojos proféticos. Estoy seguro de que algunos expertos en la metafísica podrían explicar esto con mayor profundidad, pero lo único que sé es que, personalmente, me conecto mejor a través del canto.

En momentos puedes usar palabras, otras veces puedes cantar en lenguas o simplemente liberar una melodía sin palabras. Hagas lo que hagas, permite que ese acuerdo comience a formarse en ti hasta que veas lo que Dios está desatando.

4. Deseo de profetizar

No consideraría este ejercicio dentro del mismo contexto que los anteriores, pero, como adoradores proféticos que somos, nos corresponde el querer escuchar a Dios y hablar Su corazón. Ora y ora de nuevo, busca y busca más, para que este don se despierte dentro de ti ¡Abre tu boca! Estoy haciendo mi mejor esfuerzo para mantener este manual práctico, pero digo que, una de las cosas que el enemigo intenta hacer es, callar a los profetas, para que Su pueblo se mantenga en la pobreza y hambriento. No permitas que los espíritus de timidez y miedo hagan que te paralices al profetizar. ¡Deja que el fuego se levante en ti como lo hizo en Jeremías (**Jeremías 20:9**) y no podrás guardar silencio! ¡Pídelo!

Mantén tu corazón abierto a la profecía mientas adoras…
sé habilidoso.

V. Cambiando Atmósferas por medio de la Adoración

¿Cuál es el propósito de tener adoración profética?¿Es para tener una experiencia de adoración "más allá de lo normal" ¿Es para ser más espiritual que otras dinámicas de alabanza?

He mencionado muchas veces a lo largo de este manual que, como líderes, debemos tener un deseo fuerte de llegar a un acuerdo con el cielo y movernos en ese nivel celestial. ¿Cuál es el deseo del cielo en ese momento? Vuelvo a decir que realmente podemos discernir y saber lo que el Señor quiere decir y hacer en un momento determinado. Tome tiempo para orar una vez más que todos tus sentidos se despierten a los propósitos de Dios en tu atmósfera. **Uno de nuestros objetivos principales en la adoración profética es conectar el cielo con la tierra; y, los momentos más**

eficaces durante la canción son cuando en realidad estamos haciendo lo que el cielo está haciendo. ¡Aaaahhh! Es maravilloso estar en sintonía con Dios.

Discierne y declara

Una vez di una enseñanza, y muchas de las personas a quienes enseñé se quedaron impresionadas con la revelación de que, en cada atmosfera, hay una fuerza espiritual oponiéndose a la adoración del único y verdadero Dios. El enemigo trabaja para separarnos y dividirnos y fraccionar nuestro enfoque con el fin de poner en caos el plan de Dios. A través de nuestra adoración profética, como líderes proféticos de alabanza, debemos ser conscientes de que tenemos **<u>dones para destruir</u>** cualquier oscuridad que venga en contra de nuestra adoración *a través de nuestra adoración profética*. Recuerda, la declaración puede formarse de tal manera que, todos pueden unirse y repetir contigo. Creo esta manera es más eficaz, ya que hace todos estemos en un mismo sentir cuando profetizamos juntos.

Anteriormente, incluí el pasaje de Ezequiel sobre el ejército de huesos secos. Recuerde, el Señor le mostró el estado de sus corazones, y luego dijo: "**POR TANTO, PROFETIZA...**" Si alguna vez disciernes algo en tu atmósfera, recuerda que tienes la autoridad en el espíritu para hacerle frente de alguna manera. Al decir "de alguna manera", me refiero a que no necesariamente usarás lenguaje directo y exacto con relación a lo que estas logrado en el espíritu. A veces, veo que hay falta de fe en la atmósfera, y no lo tengo que decir necesariamente así: "¡Hay incredulidad en este lugar, y tiene que salir AHORA!", pero podría decir: "¿Sabes que nada es difícil para Dios? Alza tus ojos y ve Su ayuda, ¡Él no puede fallar!". De esa forma, el nivel de fe aumenta, y la incredulidad disminuye. El enemigo pierde.

Pon tus ojos en Jesús

Anteriormente mencioné que nuestro trabajo es facilitar el "arca" de la presencia de Dios mientras adoramos en canción. **Creo que lo más importante que podemos hacer como líderes de adoración es mantener nuestros ojos en Jesús.** Mantén tu enfoque en lo que importa. Te aseguro que, si haces esto, en cualquier atmósfera en la que estés dirigiendo y sabes permanecer en un lugar de observación y de búsqueda, mientras alabas y adoras, *podrás ver lo que Él quiere que veas; así podrás dirigir desde el lugar donde Él quiere que líderes.* Hay veces que no soy plenamente consciente de la oscuridad que se nos opone en la atmósfera porque estoy siguiendo al Señor, algo que sale de mí, empuja a que la oscuridad dé la vuelta.

¿Acaso no dice la Biblia que nos acerquemos a Dios? No son las canciones o la profecía lo que nos acerca a Él, sino Dios mismo. En el mismo pasaje, dice que cuando nos sometemos a Dios y resistimos al mal, el mal huirá, (**Santiago 4: 7:8**) Así que, de nuevo, mantengamos nuestro enfoque **en lo más importante**.

Hay momentos en que estoy dirigiendo, en el que estoy al tanto de cualquier problema u oposición desde el inicio, y puede estar ocurriendo una situación, ya sea física o espiritual. Una cosa que me parece que tengo que hacer constantemente es dejar a un lado cualquier agenda personal, sienta o no que deba tratar con el problema. Si no hago esto, puedo entrar en el servicio o reunión, con un corazón dividido, porque mi atención se centra en la oscuridad, en lugar del Señor. Si quiere hacer enojar a Dios, vaya con su propio plan. Yo no aconsejo hacer esto... Amigos míos, les hablo por experiencia propia.

La medicina para el mal es Jesús. El remedio para la muerte es Jesús. El remedio para el pecado es Jesús. La medicina para la duda, es Jesús. Nunca olvides esto.

Espera

Muchos de nosotros, leyendo este manual, hemos escuchado sin duda o experimentado el esperar en la presencia del Señor. Como líderes, sin embargo, hay algo de lo que debemos ser conscientes con relación a los instrumentos, bailarines, o incluso el mismo silencio. Recuerda, el Señor nos está utilizando para facilitar Su deseo en la atmósfera, de manera que todos podemos ser atraídos a Su perfecta voluntad. Debemos estar atentos al movimiento que puede estar hablando. Escucha el instrumento que pueda estar profetizando.

No tengas miedo al silencio.

Hay momentos en la adoración, incluso en medio de la profecía, que la atmósfera del cielo puede requerir un completo silencio. Eso es completamente bíblico. Muchas veces, en el silencio, el Señor quiere que veamos o que experimentos en Él. Te animo a esperar, ser sensible al Espíritu de Dios, y no te apresures a los tiempos. Muchas veces, en mi experiencia, el silencio ha provocado un cambio significativo en la atmósfera de la adoración, y entonces, casi todos son sacudidos por el peso de lo que el Señor quiere revelar.

Demasiadas veces, he sido testigo de líderes que estaban tan nerviosos por el silencio, que continuaron moviéndose y prefirieron seguir tocando (haciendo ruido). No aconsejo esto... una vez más, mis amigos, hablo por experiencia.

Otro aspecto de la espera es permitir que el sonido se vaya construyendo. No seas tan " feliz en lírica" que no permitas que los instrumentos desarrollen el sonido que conducen a la canción profética. Necesitamos abrazar la idea de que tal vez, no haya una canción que necesite ser desatada, sino un sonido. Sé un líder y anima la creación del sonido, ya sea a tu gusto o no. Te estás convirtiendo en un experto profético, hablando de la adoración... cada vez será más fácil trabajar con lo que está frente a ti, porque te darás cuenta de que no se trata de adaptar a tus preferencias, sino a lo que Dios quiere expresar a través de ti.

Sé un líder

Por último, como uno que discierne la atmósfera, hay momentos en los que verás que algo no está del todo bien, o tal vez hay demasiadas distracciones en la atmosfera. Tal vez puedas percibir que nadie está contigo mientras profetizas. Reitero una vez más, estás operando como un líder que discierne la atmósfera, no uno que quiere agradar a la gente. A veces, sabrás qué decir acerca de lo que Dios ha dicho y después simplemente seguir adelante. Otras veces, podría ser que tuvieras que tomar la iniciativa y ayudar y traerlos a todos al acuerdo del "sonido de la alabanza."

Yo estaba ministrando en Sibu, Malasia, con el Dr. Chuck Pierce, y el equipo de alabanza/adoración, hizo un gran trabajo liderando en canción. Me pidieron que subiera a la plataforma, y continuara con la adoración para dar a luz lo que el Señor me había hablado. Me di cuenta, sin embargo, que el ambiente no era propicio para lo que iba a cantar en ese momento, por lo que dirigí a todos a una melodía familiar cuya letra fue simplemente, "Aleluya." No puedo tomar ningún crédito por nada de lo que sucedió en ese momento; yo sólo puedo decir que, el espíritu de Dios me dirigió esa noche, y fue maravilloso como todos cantamos a una sola voz, un sonido, un solo enfoque. Justo después de esto, tuve la oportunidad de impartir libremente lo que el Señor me había dado para dar. Sus corazones estaban maduros y receptivos, porque el cielo había invadido donde estábamos, a través de la adoración. La atmósfera había cambiado.

También, me gustaría advertir que tengas cuidado de no llevar toda la carga sobre ti. Lo más probable es que, estarás trabajando con otros líderes; como, por ejemplo, pastores o profetas. No eres el único que tiene la responsabilidad de avanzar moviéndote con el cielo. Dirige sabiendo que Dios es lo suficientemente grande como para hacer que Su voluntad se libere, aunque no lo veamos o digamos todo... en otras palabras, no seas un perfeccionista. Si ves que el ambiente tiene que cambiar de alguna manera, y no hay nadie con el mismo sentir que tú, sé humilde y paciente, y permite que el Señor te muestre cómo dirigir en esa situación. O, tal vez, puede que Él no quiera que hagas nada en absoluto.

Como líderes proféticos de adoración, podemos ser "agentes proféticos" para cambiar la atmósfera en nuestras reuniones, lugares de residencia, trabajo, etc.

Eres una voz profética en alineamiento con el sonido del cielo en tus labios, ya sea dentro *y* fuera de las paredes de un edificio eclesiástico. No te paralices con las presiones asociadas de "tratar" de ser profético. Sé el adorador que Dios creó, mantén tus ojos en Jesús, y tu corazón abierto a Sus deseos.

Epílogo

Así que, al terminar este libro, reitero que como líderes de adoración, deseamos una sola cosa... adorar a Dios. Todo lo demás es secundario. Cuando profetizamos en nuestra adoración, todo apunta hacia Él. Al final, todo es para Su gloria. He sido muy bendecido al poder viajar por todo el mundo, ir a las naciones impartiendo, a través del don que Dios me ha dado de cantar y profetizar, cambiando la percepción de las personas hacia la adoración y el talento que Dios les ha dado. Me he presentado enfrente de muchas culturas diferentes, y he visto que el Señor me ha usado para captar el sonido único que ellos cargan y conectarlos directamente al cielo de una manera que nunca antes habían experimentado. He escuchado testimonios de cómo han cambiado las regiones enteras cuando he cantado, cómo ocurrían sanidades al manifestarse el Espíritu mientras adoraba; y, tú estás completamente equipado para hacer lo mismo... pero, nada de esto se compara con la dignidad de que nuestro Dios sea alabado, exaltado, amado y adorado. Él es la razón de todo, y nuestro objetivo es agradarle solo a Él. Te insto a rechazar todo aquello que hace que esto sea cualquier otra cosa.

Cada palabra que cantes, cada nota que toques, que cada paso que des en la danza, sea a través de Él y para Él. Ahora, levántate y profetiza... ¡MUÉVETE CON EL CIELO!

Apuntes

Apuntes

Apuntes

www.ingramcontent.com/pod-product-compliance
Lightning Source LLC
Chambersburg PA
CBHW071410040426
42444CB00009B/2176